딩 딩 바 이 블 청 소 년 양 육 시 리 즈

양육 3년차 3

왜 인생수업이니?

| 이 대 희 지 음 |

예즈덤성경교육원 편

엔크리스토

저자 이대희 목사

장로회신학대학교 신학대학원(M.Div)과 연세대학교 연합신학대학원(Th.M)을 졸업하고 에스라성경대학원대학교에서 성경학박사(D.Litt) 과정을 마쳤다. 예장총회교육자원부 연구원과 서울장신대 교수와 겸임교수를 역임했으며, 분당에 소재한 대안학교인 독수리 기독중고등학교에서 청소년에게 성경을 수년 동안 가르쳤다. 극동방송에서 〈알기 쉬운 성경공부〉 〈기독교 이해〉 〈크리스천 가이드〉 〈전도왕백서〉 〈습관칼럼〉 등 신앙양육 프로그램을 진행했다. 저자는 성경공부와 성경교육 전문사역자로 지난 25여 년 동안 성서사람·성서교회·성서한국·성서나라의 모토를 가지고 한국적 성경교육과 실천사역을 위한 집필과 세미나, 강의사역 등을 하고 있다. 현재 바이블미션 대표와 예즈덤성경교육원 원장, 꿈을주는교회 담임목사로 있다. 저서로는 『30분 성경공부』 시리즈, 『아름다운 십대 성경공부』 시리즈, 『투데이 성경공부』 시리즈, 『틴꿈십대 성경공부』 시리즈, 『인성과 창의력을 중시하는 유대인의 탈무드식 자녀교육법』, 『이야기대화식 성경연구』, 『성품성경공부』 시리즈, 『맛있는 성경공부』, 『맥잠는 기도』, 『전도왕백서』, 『자녀 축복 침상 기도문』, 『누구나 쉽게 배우는 쉬운 기도』, 『예즈덤 성경영재교육』, 『크리스천이여 습관부터 바꿔라』 등 200여 권의 저서가 있다.
e-mail: ckr9191@hanmail.net

딩딩바이블 청소년 양육 시리즈 **왜 인생수업이니?**

초판1쇄 발행일 | 2015년 11월 15일

지은이 | 이대희
펴낸이 | 김학룡
펴낸곳 | 엔크리스토
마케팅 | 이동석, 오승호
관리부 | 김동인, 신순영, 정재연, 박상진

출판등록 | 2004년 12월 8일(제2004-116호)
주 소 | 경기도 고양시 일산동구 장대길 74-10
전 화 | (031) 906-9191   팩 스 | (0505) 365-9191
이메일 | 9191@korea.com
공급처 | 기독교출판유통

ISBN 979-11-5594-022-8 04230

* 이 교재의 사용방법·내용·교육·강의와 세미나에 대한 문의는 예즈덤성경교육원(02-403-0196, 010-2731-9078. http://cafe.naver.com/je66)으로 해주세요. 카페에 각과 내용에 대한 동영상 강의 자료가 있습니다. 참고하시기 바랍니다. 매주 월요일에 엔크리스토 성경대학 지도자 훈련코스가 있습니다(개관반·책별반·주제반·성경영재교육반). 1년에 4학기(봄, 여름, 가을, 겨울)로 운영됩니다.

딩딩바이블 청소년 양육 시리즈를 펴내면서…

딩딩바이블은 그동안 10여 년 넘게 한국 교회 베스트 교재로 많은 사랑을 꾸준히 받아 온 〈아름다운 십대 성경공부〉 시리즈를 보완 발전시켜 새로운 모습으로 탄생된 청소년 양육 시리즈입니다. 지금 한국 교회는 다음 세대를 키우지 못하면 미래가 없습니다.

다음 세대를 효과적으로 키우는 데 딩딩바이블 청소년 양육 시리즈는 크게 기여할 것입니다. 그동안 교회 안에서만 이루어졌던 말씀 교육을 발전시켜 가정, 학교, 생활(주일, 주말, 주간, 방학)을 통합하여 전인적인 교육을 이루는 데 초점을 두었습니다. 세상을 이기기 위해서는 부분보다 통합적, 지식보다 지혜 중심의 양육이 필요합니다.

특히 청소년 시기는 인생과 신앙의 기초를 다져주는 아주 중요한 때입니다. 이때에 꼭 필요한 과정을 잘 양육하면 평생 승리하는 인생을 살 수 있습니다. 청소년들의 눈높이에 맞추어 흥미롭게, 간단하고 쉽게, 깊고 명료하게 삶의 실천을 염두에 두고 전체 내용을 구성했습니다. 5천 년 동안 성경교육으로 세계를 지배하고 있는 유대인의 성경 탈무드 교육보다 더 나은(마 5:20) 한국인에 맞는 복음적인 말씀양육 시리즈가 되길 기도합니다.

저자 이대희

•딩딩바이블 청소년 양육 시리즈 특징•

1. 말씀 중심이다 성경 구절을 찾는 인위적 공부방식에서 탈피하여 본문을 중심으로 성경 전체를 핵심구절로 연결하여 하나님의 본래 의도를 찾도록 구성되었습니다.

2. 흥미롭다 도입 부분을 십대들의 관심에 맞추어 흥미로운 만화와 삽화로 구성하여 시각적 효과를 높였습니다. 그림과 질문은 닫힌 마음을 열게 하는 효과가 있습니다.

3. 쉽다 성경공부를 설명식(헬라식)으로 하면 점점 어려워집니다. 그러나 본문 속에서 질문식(히브리식)으로 하면 누구나 쉽게 답할 수 있습니다. 교사가 일방적으로 주입하는 가르침이 아닌 본문의 말씀이 말하는 것을 듣는 방식으로 구성되었기에 교사와 학생이 모두 쉽게 공부할 수 있습니다. 내가 말씀을 보는 것이 아니라 말씀이 나를 보게 해야 합니다.

4. 단순하다 6개의 질문(관찰: 4개, 해석: 1개, 적용: 1개)으로 누구나 즐겁게 성경공부에 참여할 수 있습니다. 30분 내외의 분반 시간에 끝낼 수 있도록 구성했습니다. 상황에 따라 꼬리질문을 확장할 수 있습니다.

5. 깊다 깊은 질문으로 말씀의 은혜를 경험할 수 있고 시간이 갈수록 말씀 속으로 빠져듭니다. 해석 질문은 영혼의 깨달음을 갖게 합니다(보통 십대 교재는 해석질문이 없습니다. 여기서 대화를 통한 깊은 나눔을 할 수 있습니다).

6. 균형있다 십대에 필요한 핵심 주제와 다양한 양육영역(성경·복음·정체성·신앙·생활·인성·공부·인물·습관)을 골고루 제시하여 균형잡힌 신앙성장을 갖도록 했습니다.

7. 명료하다 현실적으로 짧은 성경공부 시간에 여러 가지 내용을 다룰 수 없기에 한 가지 핵심적인 내용을 명료하게 다루어 분반 공부 효과를 극대화 하도록 했습니다.

8. 공부도 해결한다 성경공부를 통해 신앙과 더불어 학교공부(사고력·논리력·분석력·집중력·분별력·상상력)도 함께 키울 수 있도록 구성되었습니다.

9. 다양하다 주5일근무제에 맞추어 주일 분반공부, 토요주말학교, 가족밥상머리교육, 제자훈련 등 다양하게 사용할 수 있습니다.

10. 전인적이다 주일 하루만 하는 교육이 아니라 가정, 교회, 학교와 주일, 주말, 주간, 방학, 성인식을 통합하여 전 삶의 차원에서 적용할 수 있는 양육과정입니다.

•성경공부 진행 방법•

🙂 마음열기 시작하기 전에 그림과 만화를 통해 공부할 주제를 기대감과 흥미를 갖게 합니다.

🙂 말씀과 소통하기 오늘 성경본문에 대한 네 가지 질문을 하면서 본문과 소통을 합니다.

●POINT● 포인트 해당 본문의 핵심을 간단하게 정리해 줍니다.

🙂 말씀과 공감하기 본문 말씀 내용 중에 생각해야 할 문제를 관계된 다른 성경구절(말씀Tip)을 통하여 깊은 깨달음을 얻도록 돕는 과정입니다.

🙂 삶에 실행하기 깨달은 말씀의 교훈을 개인의 삶에 적용합니다.

🙂 실천을 위한 Tip 삶 속에서 실천할 수 있도록 구체적인 지침을 제공합니다.

| 교회와 가정과 학교(주일·주말·주간·방학)를 통합한 1318 전인교육 |

•딩딩바이블 청소년 양육 시리즈 전체 양육과정표•

중·고등부 6년 과정에 맞추어 4개 코스로 구성되었습니다. 양육 코스는 3년, 심화 코스는 3년, 성장 코스는 자유롭게 사용하도록 구성했습니다.
이것은 주간에 자기 주도적으로 습관화 하는 과정입니다. 성숙 코스는 방학에 사용하는 캠프용과 십대과정을 마무리하는 성인식이 있습니다.
'복음 코스'와 '성경 코스'는 교사와 학생이 공통으로 할 수 있는 특별과정입니다.

| 양육 코스 |

구분	코스	영역		1년차	2년차	3년차
주일	양육	1	복음	예수십대	복음뼈대	신앙원리
		2	정체성	나는 누구야	가치관이 뭐야	비전과 진로가 뭐야
		3	신앙	왜 믿니?	왜 사니?	왜 인생수업이니?
		4	생활	십대를 창조하라	유혹을 이겨라	열매를 맺어라

| 심화 코스 |

구분	코스	영역		1년차	2년차	3년차
주일 (주말)	심화	1	Q.A	신앙이 궁금해	교리가 궁금해	성경이 궁금해
		2	인성	인간관계 어떻게?	중독탈출 어떻게?	창의인성 어떻게?
		3	공부	공부법 정복하기	학교공부 뛰어넘기	인생공부 따라잡기
		4	인물	하나님人	예수人	성령人

| 성장 코스(자기주도 코스) |

구분	코스	영역		1년차	2년차	3년차
주일 (주말, 주간)	자기 주도	1	영성	말씀생활 읽기, 암송, 큐티	기도생활 기도, 대화	전도생활 증거, 모범
		2	습관	생활습관 음식, 수면, 운동	공부습관 공부, 시간, 플래닝	태도습관 태도, 성품

| 성숙 코스(마무리 코스) |

구분	코스	영역		1년차	2년차	3년차
방학	캠프	1	영재	신앙과 공부를 함께 해결하는 크리스천 영재 캠프 (3박4일)		
전체	성인식	2	전인	중등부·고등부 (성인식 통과의례 1, 2) - 예수사람 만들기		

• 복음 코스(교사와 학생 공통) •

구분	코스	영역	공통과정
모든 세대	복음	새신자	한눈으로 보는 복음 이야기 (새신자 양육)
		불신자	세상에서 가장 복된 소식 당신은 아십니까? (대화식 전도지)

• 성경 코스(교사와 학생 공통) •

구분	코스	영역	공통과정
모든 세대	성경	구약	단숨에 꿰뚫는 구약성경관통
		신약	단숨에 꿰뚫는 신약성경관통

차례

이제는 인생 공부다

학교에서는 학문은 배우지만 인생을 살아가는 법을 배우기는 어렵습니다. 많은 십대들이 학과목 공부에 매달리다 보니 인생 공부를 미루곤 합니다. 그러다가 인생에서 실패를 만나면 견디기 힘들어합니다. 그래서 십대는 인생 공부를 해야 합니다.

하나님의 관심은 사람에게 있습니다. 사람이 물질을 위해 존재하는 것이 아니라 물질이 사람을 위해서 존재합니다. 우리는 평생 하나님의 형상을 닮은 사람으로 다듬어져야 하고 공부해야 합니다. 성경은 하나님의 법대로 인생을 살아가는 법을 가르쳐 주는 책이므로 말씀을 늘 묵상해야 합니다.

이 책은 십대가 하나님을 닮은 사람으로 성장해 나가는 것을 목표로 합니다. 하나님이 주신 각자의 인생이 있습니다. 십대는 인생에서 배워야 할 여

러 사항들을 미리 공부하면서 하나님이 주신 자기 인생의 그림을 그려야 합니다. 이럴 때 다른 사람과 비교하지 않고 나만의 잠재력을 찾아가는 행복한 여행이 될 것입니다. 각자의 생각을 서로 나누면서 자기만의 강점과 은사를 찾아 보십시오. 여러분이 하나님 나라 확장에 사용되는 아름다운 사람이 되길 기도합니다.

우리가 다 하나님의 아들을 믿는 것과 아는 일에 하나가 되어 온전한 사람을 이루어
그리스도의 장성한 분량이 충만한 데까지 이르리니 이는 우리가 이제부터
어린아이가 되지 아니하여 사람의 속임수와 간사한 유혹에 빠져 온갖
교훈의 풍조에 밀려 요동하지 않게 하려 함이라(엡 4:13-14)

01

전인적인 삶을 살라

마음열기

1. 위의 이야기를 읽고 "아름다운 인간의 삶"이라는 주제에 대해서 말해 보
   십시오.

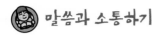

말씀과 소통하기

• 누가복음 10:25-37을 읽으세요.

25 어떤 율법교사가 일어나 예수를 시험하여 이르되 선생님 내가 무엇을 하여야 영생을 얻으리이까

26 예수께서 이르시되 율법에 무엇이라 기록되었으며 네가 어떻게 읽느냐

27 대답하여 이르되 네 마음을 다하며 목숨을 다하며 힘을 다하며 뜻을 다하여 주 너의 하나님을 사랑하고 또한 네 이웃을 네 자신 같이 사랑하라 하였나이다

28 예수께서 이르시되 네 대답이 옳도다 이를 행하라 그러면 살리라 하시니

29 그 사람이 자기를 옳게 보이려고 예수께 여짜오되 그러면 내 이웃이 누구니이까

30 예수께서 대답하여 이르시되 어떤 사람이 예루살렘에서 여리고로 내려가다가 강도를 만나매 강도들이 그 옷을 벗기고 때려 거의 죽은 것을 버리고 갔더라

31 마침 한 제사장이 그 길로 내려가다가 그를 보고 피하여 지나가고

32 또 이와 같이 한 레위인도 그 곳에 이르러 그를 보고 피하여 지나가되

33 어떤 사마리아 사람은 여행하는 중 거기 이르러 그를 보고 불쌍히 여겨

34 가까이 가서 기름과 포도주를 그 상처에 붓고 싸매고 자기 짐승에 태워 주막으로 데리고 가서 돌보아 주니라

35 그 이튿날 그가 주막 주인에게 데나리온 둘을 내어 주며 이르되 이 사람을 돌보아 주라 비용이 더 들면 내가 돌아올 때에 갚으리라 하였으니

36 네 생각에는 이 세 사람 중에 누가 강도 만난 자의 이웃이 되겠느냐

37 이르되 자비를 베푼 자니이다 예수께서 이르시되 가서 너도 이와 같이 하라 하시니라

1. 영생을 얻는 길에 대해서 율법에는 무엇이라 기록되었습니까?(25-28)

2. 율법교사가 다시 예수님께 질문한 내용은 무엇입니까?(29)

3. 예수님이 들려준 이야기를 정리해 보십시오.(30-35)

4. 예수님이 제시한 해결책은 무엇입니까?(36-37)

•POINT•

인간은 다른 무엇보다 사람을 중요하게 여겨야 합니다. 모든 것은 사랑을 위해서 해야 합니다. 그 사랑의 대상은 하나님과 인간입니다. 그리고 진심으로 전인적으로 사랑해야 합니다. 구원은 하나님과 이웃을 사랑한다는 진심어린 전인적인 고백을 통해서 이루어집니다. 이런 믿음이 성경이 말하는 살아 있는 믿음입니다.

말씀과 공감하기

1. 성경 66권의 핵심은 사랑입니다. 사랑 안에 모든 것이 다 들어있습니다. 사랑의 대상은 하나님과 이웃입니다. 인생은 한마디로 하나님과 이웃을 사랑하는 것이라고 할 수 있습니다. 그렇다면 어떻게 사랑해야 하는지 구체적인 방법을 말해 보십시오.

이스라엘아 들으라 우리 하나님 여호와는 오직 유일한 여호와이시니 너는 마음을 다하고 뜻을 다하고 힘을 다하여 네 하나님 여호와를 사랑하라(신 6:4-5)

네 이웃 사랑하기를 네 자신과 같이 사랑하라 나는 여호와이니라(레 19:18)

피차 사랑의 빚 외에는 아무에게든지 아무 빚도 지지 말라 남을 사랑하는 자는 율법을 다 이루었느니라 간음하지 말라, 살인하지 말라, 도둑질하지 말라, 탐내지 말라 한 것과 그 외에 다른 계명이 있을지라도 네 이웃을 네 자신과 같이 사랑하라 하신 그 말씀 가운데 다 들었느니라 사랑은 이웃에게 악을 행하지 아니하나니 그러므로 사랑은 율법의 완성이니라(롬 13:8-10)

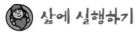 **삶에 실행하기**

1. 나는 말씀을 통해 깨달은 것을 얼마나 잘 실천에 옮기고 있습니까? 실천
   하기 어렵다면 그 이유는 무엇이라고 생각합니까?

실천을 위한 Tip

• 알고 있는 것을 실천에 옮기기 위해서는 지식 – 깨달음 – 실천의
  단계를 거쳐야 합니다. 이것을 어떻게 실천에 옮길 수 있는지 과
  정을 정리해 보십시오.

  1. 나의 지인 중에 하나님의 사랑을 실천해야 할 사람은 누구인가?
     (   )
  2. 어떻게 사랑을 실천할 것인가?
     (   )
  ex) 하나님의 형상이 내 안에 있음을 믿고 그것을 회복하기 위해 노력합
     니다.

02

좋은 **마음**을 품으라

 마음열기

감옥과 수도원의 공통점은?
= 세상과 고립되었다.

감옥과 수도원의 차이점은?
= 불평하느냐 아니면 감사하느냐?

감옥도 감사하면 수도원이 될 수 있다.

1. 지금 나의 마음은 어떤 상태입니까? 지금까지 살면서 나는 어떤 경우에
   마음이 우울하고 힘이 빠집니까?

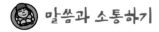 **말씀과 소통하기**

• 마태복음 15:10-20을 읽으세요.

10 무리를 불러 이르시되 듣고 깨달으라

11 입으로 들어가는 것이 사람을 더럽게 하는 것이 아니라 입에서 나오는 그것이 사람을 더럽게 하는 것이니라

12 이에 제자들이 나아와 이르되 바리새인들이 이 말씀을 듣고 걸림이 된 줄 아시나이까

13 예수께서 대답하여 이르시되 심은 것마다 내 하늘 아버지께서 심으시지 않은 것은 뽑힐 것이니

14 그냥 두라 그들은 맹인이 되어 맹인을 인도하는 자로다 만일 맹인이 맹인을 인도하면 둘이 다 구덩이에 빠지리라 하시니

15 베드로가 대답하여 이르되 이 비유를 우리에게 설명하여 주옵소서

16 예수께서 이르시되 너희도 아직까지 깨달음이 없느냐

17 입으로 들어가는 모든 것은 배로 들어가서 뒤로 내버려지는 줄 알지 못하느냐

18 입에서 나오는 것들은 마음에서 나오나니 이것이야말로 사람을 더럽게 하느니라

19 마음에서 나오는 것은 악한 생각과 살인과 간음과 음란과 도둑질과 거짓 증언과 비방이니

20 이런 것들이 사람을 더럽게 하는 것이요 씻지 않은 손으로 먹는 것은 사람을 더럽게 하지 못하느니라

1. 사람을 더럽게 하는 것은 무엇입니까?(10-11)

2. 바리새인들을 맹인으로 비유한 이유는 무엇입니까?(12-14)

3. 입으로 들어가는 것과 입에서 나오는 것의 차이점은 무엇입니까?(17-18)

4. 마음에서 나오는 것은 무엇입니까?(19-20)

•POINT•

우리의 생각을 결정하는 곳은 마음입니다. 마음은 모든 것을 판단하고 선택하는 출입문과도 같습니다. 마음의 문을 닫고 있으면 아무리 힘을 써도 들어올 수 없습니다. 악한 마음을 가지고 바라보면 모든 것이 그렇게 보입니다. 마음이 청결한 자가 하나님을 봅니다. 인간이 가장 중요하게 생각하고 정결하게 만들어야 할 곳이 마음입니다.

말씀과 공감하기

1. 생각과 행동의 변화는 마음에서 시작됩니다. 마음이 움직이지 않으면 생
   각이 열리지 않고 행동의 변화가 일어나지 않습니다. 마음을 새롭게 하려
   면 어떻게 해야 합니까?

말씀
Tip

> 너희는 이 세대를 본받지 말고 오직 마음을 새롭게 함으로 변화를 받아 하나님
> 의 선하시고 기뻐하시고 온전하신 뜻이 무엇인지 분별하도록 하라(롬 12:2)
>
> 너희는 유혹의 욕심을 따라 썩어져 가는 구습을 따르는 옛 사람을 벗어 버리고
> 오직 너희의 심령이 새롭게 되어 하나님을 따라 의와 진리의 거룩함으로 지으심
> 을 받은 새 사람을 입으라(엡 4:22-24)
>
> 모든 지킬 만한 것 중에 더욱 네 마음을 지키라 생명의 근원이 이에서 남이니라
> (잠 4:23)

삶에 실행하기

1. 마음이 깨끗한 사람은 두 마음이 아닌 한마음을 갖습니다. 한마음을 갖게 하는 방법이 있다면 무엇입니까? 혹시 나는 하나님과 세상(돈)을 겸하여 섬기지 않습니까?

실천을 위한 Tip

악한 것을 제거하라

- 현재 나의 마음속에 있는 좋지 못한 것들을 찾아 O표 해 보십시오.

  악한 생각(   ), 미움(   ), 시기(   ), 질투(   ), 간음(   )

  음란(   ), 도둑질(   ), 거짓 증언(   ), 비방(   )

  욕심(   ), 교만(   ), 자기 자랑(   )

- 구체적인 내용과 해결 방법을 아래에 적고 지속적인 해결을 위해서 기도 시간을 정하십시오.

  _____

  _____

  _____

03

육신의 *생각*을 버리라

1. 생각이 어떻게 변화됩니까? 잘못된 생각이나 기억하고 싶지 않은 것을 없
   애 버릴 수 있는 방법은 없습니까?

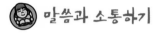

말씀과 소통하기

• 로마서 8:5-15을 읽으세요.

5 육신을 따르는 자는 육신의 일을, 영을 따르는 자는 영의 일을 생각하나니

6 육신의 생각은 사망이요 영의 생각은 생명과 평안이니라

7 육신의 생각은 하나님과 원수가 되나니 이는 하나님의 법에 굴복하지 아니할 뿐 아니라 할 수도 없음이라

8 육신에 있는 자들은 하나님을 기쁘시게 할 수 없느니라

9 만일 너희 속에 하나님의 영이 거하시면 너희가 육신에 있지 아니하고 영에 있나니 누구든지 그리스도의 영이 없으면 그리스도의 사람이 아니라

10 또 그리스도께서 너희 안에 계시면 몸은 죄로 말미암아 죽은 것이나 영은 의로 말미암아 살아 있는 것이니라

11 예수를 죽은 자 가운데서 살리신 이의 영이 너희 안에 거하시면 그리스도 예수를 죽은 자 가운데서 살리신 이가 너희 안에 거하시는 그의 영으로 말미암아 너희 죽을 몸도 살리시리라

12 그러므로 형제들아 우리가 빚진 자로되 육신에게 져서 육신대로 살 것이 아니니라

13 너희가 육신대로 살면 반드시 죽을 것이로되 영으로써 몸의 행실을 죽이면 살리니

14 무릇 하나님의 영으로 인도함을 받는 사람은 곧 하나님의 아들이라

15 너희는 다시 무서워하는 종의 영을 받지 아니하고 양자의 영을 받았으므로 우리가 아빠 아버지라고 부르짖느니라

1. 사람은 생각의 동물입니다. 인간은 두 가지 종류의 생각을 하게 되는데 그것은 무엇입니까?(5)

2. 육신의 생각과 영의 생각의 차이점은 무엇입니까?(6-8)

3. 우리 안에 하나님의 생각과 영이 거하면 어떤 일이 일어납니까?(9-11)

4. 하나님의 자녀인 그리스도인은 어떻게 살아야 합니까?(12-15)

•POINT•

인간이 가진 본래의 생각은 악합니다. 사람은 항상 악하기에 인간의 힘으로는 해결
이 안 됩니다. 마음을 비운다고 되는 것이 아닙니다. 마음을 비워도 그 마음은 악합
니다. 한순간에 악한 생각이 우리 마음을 사로잡을 수 있습니다. 새 영이 우리 안에
들어오지 않는 한 우리를 새롭게 하는 길은 없습니다. 이것을 아는 것이 지혜입니다.

말씀과 공감하기

1. 사람의 생각을 포기하기란 여간 어려운 것이 아닙니다. 이것은 평생 해도 힘든 작업입니다. 오랫동안 나를 사로잡아 온 생각을 하나님의 생각에 복종하기 위해서는 어떻게 해야 합니까?

내가 이르노니 너희는 성령을 따라 행하라 그리하면 육체의 욕심을 이루지 아니 하리라(갈 5:16)

그러나 더욱 큰 은혜를 주시나니 그러므로 일렀으되 하나님이 교만한 자를 물리 치시고 겸손한 자에게 은혜를 주신다 하였느니라 그런즉 너희는 하나님께 복종 할지어다 마귀를 대적하라 그리하면 너희를 피하리라 하나님을 가까이하라 그 리하면 너희를 가까이하시리라 죄인들아 손을 깨끗이 하라 두 마음을 품은 자 들아 마음을 성결하게 하라(약 4:6-8)

여호와께서 사람의 죄악이 세상에 가득함과 그의 마음으로 생각하는 모든 계획 이 항상 악할 뿐임을 보시고(창 6:5)

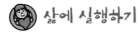 삶에 실행하기

1. 나의 생각이 육신의 생각인지 성령의 생각인지 어떻게 구별할 수 있는지 그 방법을 말해 보십시오.

실천을 위한 Tip

 하나님의 생각으로 채우라

• 육신의 생각을 하나님의 생각으로 대치하려면 어떻게 해야 합니까? 말씀을 찾아 확인해 보십시오.

"위의 것을 (   )하고 땅의 것을 (   )하지 말라"(골 3:2)

"그리스도의 (   )이 너희 속에 풍성히 거하여 모든 지혜로 피차 (   )치며 (   )하고 시와 찬송과 신령한 노래를 부르며 감사하는 마음으로 하나님을 찬양하고"(골 3:16)

• 생각을 바꾸기 위해서 지속적으로 실천해야 할 지침이 무엇인지 쓰고 나누어 보십시오.

_____

_____

_____

거룩한 몸을 이루라

 마음열기

1. 위의 내용을 읽고 나의 몸을 건강하게 하기 위한 원칙을 정해 보십시오.
   내가 알고 있는 좋은 건강법이 있으면 소개해 보십시오.

25

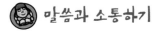 말씀과 소통하기

• 로마서 12:1-13을 읽으세요.

1 그러므로 형제들아 내가 하나님의 모든 자비하심으로 너희를 권하
  노니 너희 몸을 하나님이 기뻐하시는 거룩한 산 제물로 드리라 이는
  너희가 드릴 영적 예배니라
2 너희는 이 세대를 본받지 말고 오직 마음을 새롭게 함으로 변화를
  받아 하나님의 선하시고 기뻐하시고 온전하신 뜻이 무엇인지 분별
  하도록 하라
3 내게 주신 은혜로 말미암아 너희 각 사람에게 말하노니 마땅히 생각
  할 그 이상의 생각을 품지 말고 오직 하나님께서 각 사람에게 나누
  어 주신 믿음의 분량대로 지혜롭게 생각하라
4 우리가 한 몸에 많은 지체를 가졌으나 모든 지체가 같은 기능을 가
  진 것이 아니니
5 이와 같이 우리 많은 사람이 그리스도 안에서 한 몸이 되어 서로 지
  체가 되었느니라
6 우리에게 주신 은혜대로 받은 은사가 각각 다르니 혹 예언이면 믿음
  의 분수대로,
7 혹 섬기는 일이면 섬기는 일로, 혹 가르치는 자면 가르치는 일로,
8 혹 위로하는 자면 위로하는 일로, 구제하는 자는 성실함으로, 다스
  리는 자는 부지런함으로, 긍휼을 베푸는 자는 즐거움으로 할 것이
  니라
9 사랑에는 거짓이 없나니 악을 미워하고 선에 속하라
10 형제를 사랑하여 서로 우애하고 존경하기를 서로 먼저 하며
11 부지런하여 게으르지 말고 열심을 품고 주를 섬기라
12 소망 중에 즐거워하며 환난 중에 참으며 기도에 항상 힘쓰며
13 성도들의 쓸 것을 공급하며 손 대접하기를 힘쓰라

1. 구원 받은 사람은 자기의 몸을 어떻게 사용해야 합니까? 그것을 위해 무엇이 먼저 해결되어야 합니까?(1-3)

2. 몸의 각 지체들은 어떻게 관계를 맺고 있습니까?(4-5)

3. 건강한 몸(공동체)은 어떤 모습으로 나타납니까? 다양한 몸의 행동들은 어떤 것인지 이야기해 보십시오.(6-8)

4. 그리스도인으로서 바람직한 몸 사용법은 무엇입니까? 하나님과 이웃 공동체 속에서 몸이 사용되어야 하는 이유는 무엇입니까?(9-13)

●POINT●

몸과 생각과 마음은 서로 하나입니다. 건강한 몸이 되기 위해서는 건강한 생각과 마음을 가져야 합니다. 몸의 건강을 위해서는 보이지 않는 마음의 건강이 중요합니다. 아울러 몸의 건강은 마음에까지 영향을 미칩니다. 몸을 자기만을 위해서 사용하지 말고 하나님과 이웃을 섬기는 데 사용한다면 이보다 아름다운 일은 없습니다.

말씀과 공감하기

1. 그리스도인의 몸은 예수님의 피값으로 산 거룩한 몸입니다. 우리 몸을 하나님이 기뻐하시는 거룩한 산 제물로 드린다는 의미는 무엇입니까? 아울러 어떻게 몸을 거룩하게 사용할 수 있는지 말해 보십시오.

너희는 너희가 하나님의 성전인 것과 하나님의 성령이 너희 안에 계시는 것을 알지 못하느냐 누구든지 하나님의 성전을 더럽히면 하나님이 그 사람을 멸하시리라 하나님의 성전은 거룩하니 너희도 그러하니라(고전 3:16-17)

그런즉 너희가 먹든지 마시든지 무엇을 하든지 다 하나님의 영광을 위하여 하라(고전 10:31)

너희가 육신대로 살면 반드시 죽을 것이로되 영으로써 몸의 행실을 죽이면 살리니(롬 8:13)

삶에 실행하기

1. 자기 욕심을 위하여 사용되는 몸은 타락한 것입니다. 우리 몸을 하나님과 이웃을 위해 사용해야 합니다. 그리고 마음만 드리는 것이 아닌 몸으로도 하나님께 영광을 올려드려야 합니다. 나에게 아직 하나님께 드리지 못한 부분이 있다면 찾아서 말해 보십시오.

실천을 위한 Tip

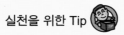

• 몸을 하나님의 영광을 위해서 드리려면 우리 몸을 건강하게 해야 합니다. 자신을 위해서가 아닌 하나님과 이웃을 섬기기 위해서 자신의 몸을 건강하게 관리해야 합니다. 현재 몸의 건강을 위해서 실천하고 있는 것은 무엇입니까?

 -음식 (   )
 -수면 (   )
 -운동 (   )
 -습관 (   )

05

나의 **강점**을 살려라

🙂 마음열기

링컨의 어린시절
- 그는 가정이 어려워 학교를 다니지 못했다.
- 어머니를 일찍 잃고
- 병에 걸려 한참을 누워 있었으며
- 가난해서 책도 살 수 없었다.

내가 할 수 있는 것은
책을 읽고 스스로 공부하여
내공을 쌓는 일!

1. 링컨은 자기의 약점을 무엇으로 극복했습니까?

2. 나의 약점은 무엇이며 그것으로 강점을 만들 수 있는 길은 무엇인지 말해
   보십시오.

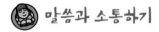 **말씀과 소통하기**

• 고린도후서 4:7-18을 읽으세요.

7 우리가 이 보배를 질그릇에 가졌으니 이는 심히 큰 능력은 하나님
께 있고 우리에게 있지 아니함을 알게 하려 함이라

8 우리가 사방으로 우겨쌈을 당하여도 싸이지 아니하며 답답한 일을
당하여도 낙심하지 아니하며

9 박해를 받아도 버린 바 되지 아니하며 거꾸러뜨림을 당하여도 망하
지 아니하고

10 우리가 항상 예수의 죽음을 몸에 짊어짐은 예수의 생명이 또한 우리
몸에 나타나게 하려 함이라

11 우리 살아 있는 자가 항상 예수를 위하여 죽음에 넘겨짐은 예수의
생명이 또한 우리 죽을 육체에 나타나게 하려 함이라

12 그런즉 사망은 우리 안에서 역사하고 생명은 너희 안에서 역사하느
니라

13 기록된 바 내가 믿었으므로 말하였다 한 것 같이 우리가 같은 믿음
의 마음을 가졌으니 우리도 믿었으므로 또한 말하노라

14 주 예수를 다시 살리신 이가 예수와 함께 우리도 다시 살리사 너희
와 함께 그 앞에 서게 하실 줄을 아노라

15 이는 모든 것이 너희를 위함이니 많은 사람의 감사로 말미암아 은혜
가 더하여 넘쳐서 하나님께 영광을 돌리게 하려 함이라

16 그러므로 우리가 낙심하지 아니하노니 우리의 겉사람은 낡아지나
우리의 속사람은 날로 새로워지도다

17 우리가 잠시 받는 환난의 경한 것이 지극히 크고 영원한 영광의 중
한 것을 우리에게 이루게 함이니

18 우리가 주목하는 것은 보이는 것이 아니요 보이지 않는 것이니 보이
는 것은 잠깐이요 보이지 않는 것은 영원함이라

1. 그리스도인 역시 세상 사람들처럼 겉으로 보기에는 연약한 존재입니다. 하지만 세상 사람들과 다른 강점은 무엇입니까?(7)

2. 가장 큰 보배를 가진 그리스도인은 세상에서 어떻게 살아야 합니까? (8-11)

3. 그리스도 안에 있는 그리스도인은 어떤 강점이 있습니까?(12-15)

4. 그리스도인이 추구하는 가치는 세상의 가치와 차이점이 있는데 그것은 무엇입니까?(16-18)

•POINT•

강점은 하나님이 주신 나만의 것을 의미합니다. 여기서 강점이란 외적인 것을 말하는 것이 아닙니다. 눈에 보이는 물질적인 강점은 강하고 화려하고 유명한 것이라고 말할 수 있습니다. 하지만 강점을 영적으로 이해하면 약한 것도 강점이 될 수 있습니다. 진정한 강점은 외적인 것이 아닌 그리스도 안에 있는 모든 것입니다. 예수님을 의지하면 누구든지 강점을 이룰 수 있습니다. 최고의 강점은 우리 안에 있는 예수 그리스도입니다.

말씀과 공감하기

1. 세상의 강점은 강하고 외적인 것, 물질적인 것. 일시적인 것에 치중하지만 그리스도인의 강점은 약점까지도 포함됩니다. 세상에는 강점으로 망하는 경우가 많습니다. 이런 면에서 보면 약점이 오히려 강점이 될 수 있습니다. 그리스도인의 강점 개발은 어떻게 해야 하는지 말해 보십시오. 그리고 그 강점을 어떻게 사용해야 합니까?

그러므로 내가 그리스도를 위하여 약한 것들과 능욕과 궁핍과 박해와 곤고를 기뻐하노니 이는 내가 약한 그때에 강함이라(고후 12:10)

우리가 약할 때에 너희가 강한 것을 기뻐하고 또 이것을 위하여 구하니 곧 너희가 온전하게 되는 것이라(고후 13:9)

그가 어떤 사람은 사도로, 어떤 사람은 선지자로, 어떤 사람은 복음 전하는 자로, 어떤 사람은 목사와 교사로 삼으셨으니 이는 성도를 온전하게 하여 봉사의 일을 하게 하며 그리스도의 몸을 세우려 하심이라(엡 4:11-12)

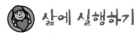 **삶에 실행하기**

1. 나의 강점은 무엇인지 말해 보십시오. 약점도 함께 찾아보고 그것이 어떻
   게 나에게 강점이 될 수 있는지 말해 보십시오.

실천을 위한 Tip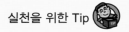

최고의 강점은 어디에?

• 그리스도인의 최고의 강점은 예수 그리스도입니다.

그리스도인은 누구에게나 예수 그리스도가 주인으로 계십니다. 그분을
믿는다면 우리 모두 위대한 사람이 될 수 있습니다. 주님을 경외하면 누
구든지 세상이 이길 수 없는 열 배의 지혜와 강점을 발휘할 수 있습니다.
예수님을 전적으로 드러낼 수 있는 방법을 말해 보십시오.

"지금도 전과 같이 온전히 담대하여 살든지 죽든지 내 몸에서 그리스도
가 존귀하게 되게 하려 하나니 이는 내게 사는 것이 그리스도니 죽는 것
도 유익함이라"(빌 1:20-21)

06

믿음은 관계다

마음열기

하나님과의 관계(상. 중. 하)

혈육과의 관계(상. 중. 하)

이웃과의 관계(상. 중. 하)

자신과의 관계(상. 중. 하)

자연과의 관계(상. 중. 하)

성도와의 관계(상. 중. 하)

1. 인간은 자연 및 주변 사람과 관계를 맺고 살아갑니다. 위의 관계를 상, 중, 하로 표시하며 관계성을 진단해 보십시오.

말씀과 소통하기

•고린도전서 12:14-27을 읽으세요.

14 몸은 한 지체뿐만 아니요 여럿이니

15 만일 발이 이르되 나는 손이 아니니 몸에 붙지 아니하였다 할지라도 이로써 몸에 붙지 아니한 것이 아니요

16 또 귀가 이르되 나는 눈이 아니니 몸에 붙지 아니하였다 할지라도 이로써 몸에 붙지 아니한 것이 아니니

17 만일 온 몸이 눈이면 듣는 곳은 어디며 온 몸이 듣는 곳이면 냄새 맡는 곳은 어디냐

18 그러나 이제 하나님이 그 원하시는 대로 지체를 각각 몸에 두셨으니

19 만일 다 한 지체뿐이면 몸은 어디냐

20 이제 지체는 많으나 몸은 하나라

21 눈이 손더러 내가 너를 쓸 데가 없다 하거나 또한 머리가 발더러 내가 너를 쓸 데가 없다 하지 못하리라

22 그뿐 아니라 더 약하게 보이는 몸의 지체가 도리어 요긴하고

23 우리가 몸의 덜 귀히 여기는 그것들을 더욱 귀한 것들로 입혀 주며 우리의 아름답지 못한 지체는 더욱 아름다운 것을 얻느니라 그런즉

24 우리의 아름다운 지체는 그럴 필요가 없느니라 오직 하나님이 몸을 고르게 하여 부족한 지체에게 귀중함을 더하사

25 몸 가운데서 분쟁이 없고 오직 여러 지체가 서로 같이 돌보게 하셨느니라

26 만일 한 지체가 고통을 받으면 모든 지체가 함께 고통을 받고 한 지체가 영광을 얻으면 모든 지체가 함께 즐거워하느니라

27 너희는 그리스도의 몸이요 지체의 각 부분이라

1. 몸의 특징은 무엇인지 정리해 보십시오.(14-20)

2. 몸의 지체는 모두 소중합니다. 그 이유를 말해 보십시오.(21-23)

3. 하나님은 우리 몸을 어떻게 만드셨습니까?(24-25)

4. 몸과 지체는 서로 어떤 관계입니까? 몸과 지체는 서로 어떻게 해야 건강
   한 모습을 유지합니까?(26-27)

•POINT•

시너지(synergy)는 함께한다는 의미입니다. 누구든지 혼자 성공할 수 없습니다. 몸
은 하나이지만 여러 지체가 모여서 한 몸이 된 것입니다. 함께한다는 것은 관계를 맺
는 것입니다. 함께하는 데 중요한 것은 믿음입니다. 몸의 지체들이 서로를 의지하고
신뢰할 때 건강한 몸이 됩니다. 관계성이 좋지 못하면 그 사람은 온전하지 못한 것입
니다.

말씀과 공감하기

1. 모든 성장은 혼자 이룰 수 없습니다. 함께하면서 성장합니다. 사탄은 우리의 관계를 파괴합니다. 어떻게 하면 좋은 관계를 맺는 사람으로 성장할 수 있습니까?

곧 내가 그들 안에 있고 아버지께서 내 안에 계시어 그들로 온전함을 이루어 하나가 되게 하려 함은 아버지께서 나를 보내신 것과 또 나를 사랑하심 같이 그들도 사랑하신 것을 세상으로 알게 하려 함이로소이다(요 17:23)

누구든지 하나님을 사랑하노라 하고 그 형제를 미워하면 이는 거짓말하는 자니 보는 바 그 형제를 사랑하지 아니하는 자는 보지 못하는 바 하나님을 사랑할 수 없느니라 우리가 이 계명을 주께 받았나니 하나님을 사랑하는 자는 또한 그 형제를 사랑할지니라(요일 4:20-21)

오직 사랑 안에서 참된 것을 하여 범사에 그에게까지 자랄지라 그는 머리니 곧 그리스도라 그에게서 온 몸이 각 마디를 통하여 도움을 받음으로 연결되고 결합되어 각 지체의 분량대로 역사하여 그 몸을 자라게 하며 사랑 안에서 스스로 세우느니라(엡 4:15-16)

삶에 실행하기

1. 현재 내 주위에 껄끄럽거나 좋지 못한 관계가 있습니까? 그렇다면 그 이유를 말해 보십시오.(하나님, 이웃, 친구, 가족, 교회, 물질 등)

실천을 위한 Tip

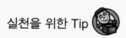
관계 회복하기

• 현재 나와 좋지 않은 관계가 있다면 관계 개선을 위한 실천 방안을 찾아서 말해 보십시오.

  -자주 만나기(   )

  -편지나 이메일 보내기(   )

  -인사하기(   )

  -어려울 때 찾아가기(   )

  -기도해 주기(   )

  -공감하고 배려하기(   )

인격을 소유한 사람이 돼라

 마음열기

1. 인격적인 사람이 되기 위해서 필요한 요소는 무엇입니까?

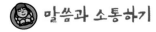 **말씀과 소통하기**

• 갈라디아서 5:16-24을 읽으세요.

16 내가 이르노니 너희는 성령을 따라 행하라 그리하면 육체의 욕심을
   이루지 아니하리라
17 육체의 소욕은 성령을 거스르고 성령은 육체를 거스르나니 이 둘이
   서로 대적함으로 너희가 원하는 것을 하지 못하게 하려 함이니라
18 너희가 만일 성령의 인도하시는 바가 되면 율법 아래에 있지 아니하
   리라
19 육체의 일은 분명하니 곧 음행과 더러운 것과 호색과
20 우상 숭배와 주술과 원수 맺는 것과 분쟁과 시기와 분냄과 당 짓는
   것과 분열함과 이단과
21 투기와 술 취함과 방탕함과 또 그와 같은 것들이라 전에 너희에게
   경계한 것 같이 경계하노니 이런 일을 하는 자들은 하나님의 나라
   를 유업으로 받지 못할 것이요
22 오직 성령의 열매는 사랑과 희락과 화평과 오래 참음과 자비와 양선
   과 충성과
23 온유와 절제니 이같은 것을 금지할 법이 없느니라
24 그리스도 예수의 사람들은 육체와 함께 그 정욕과 탐심을 십자가에
   못 박았느니라

1. 성령을 따라 살면 나에게 어떤 놀라운 일이 일어납니까?(16)

2. 성령의 소욕과 육체의 소욕은 서로 어떤 관계입니까?(17)

3. 육체의 일은 어떤 것들입니까?(18-21)

4. 성령의 열매는 무엇입니까? 어떻게 하면 삶에서 성령의 열매를 맺을 수 있습니까?(22-24)

●POINT●

하나님은 성공자를 원하는 것이 아니라 인격자를 원합니다. 인격자란 하나님을 닮아가는 사람입니다. 하나님은 자기의 형상을 따라 인간을 만들었습니다. 인간의 모델은 하나님입니다. 그러므로 인간은 날마다 하나님을 닮아가도록 노력해야 합니다. 그렇게 하다 보면 우리의 인격이 변화됩니다. 사람은 누구를 만나느냐가 중요합니다. 인격은 본을 통해 배웁니다. 그리스도를 본받는 자 된 것처럼 다른 사람에게 그리스도를 보여준다면 이보다 아름다운 일은 없을 것입니다.

말씀과 공감하기

1. 인격은 고난을 통해서 연단됩니다. 최후의 성공은 인격에서 결정됩니다.
   아무리 대단한 성공을 해도 인격이 따라주지 않으면 모래성입니다. 주님
   과 만날 때 인격의 사람이 될 수 있습니다. 어떻게 하면 그리스도를 닮는
   사람, 성령의 열매를 맺는 사람이 될 수 있을까요?

내가 내 몸을 쳐 복종하게 함은 내가 남에게 전파한 후에 자신이 도리어 버림을
당할까 두려워함이로다(고전 9:27)

너희가 순종하는 자식처럼 전에 알지 못할 때에 따르던 너희 사욕을 본받지 말
고 오직 너희를 부르신 거룩한 이처럼 너희도 모든 행실에 거룩한 자가 되라 기
록되었으되 내가 거룩하니 너희도 거룩할지어다 하셨느니라(벧전 1:14-16)

그러므로 우리가 낙심하지 아니하노니 우리의 겉사람은 낡아지나 우리의 속사
람은 날로 새로워지도다(고후 4:16)

삶에 실행하기

1. 인격은 하나님의 형상이요 그리스도의 장성한 분량입니다. 나는 하나님의 형상을 이루기 위해 어떤 훈련을 하고 있습니까?

실천을 위한 Tip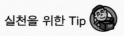

인격은 열매다

• 인격은 열매로 나타납니다. 좋은 인격은 성령의 열매, 나쁜 인격은 육신의 열매로 알 수 있습니다. 다음 중 나에게 해당되는 것들은 무엇인지 O표를 해보세요.

-육신의 열매
음행(　　), 더러움(　　), 방탕(　　), 우상 숭배(　　),
마술(　　), 원수맺음(　　), 다툼(　　), 시기(　　), 분노(　　),
이기심(　　), 분열(　　), 분파(　　), 질투(　　), 술취함(　　),
흥청거리는 연회(　　)

-성령의 열매
사랑(　　), 기쁨(　　), 평화(　　), 인내(　　), 친절(　　),
선함(　　), 신실(　　), 온유(　　), 절제(　　)

08 아름다운 **섬김**을 이루라

 마음열기

타인에게 봉사한다면 누구든 위대해질 수 있습니다.
봉사에는 대학 졸업장이 필요치 않습니다.
오직 필요한 것은 자비로 충만한 가슴뿐입니다.
사랑으로 가득찬 영혼 말입니다.

마틴 루터 킹

봉사 하는 가운데 누구나 고통을 받게 되지만
그 보다는 얻는 기쁨이 훨씬 크다. 그 기쁨은
남을 위해 봉사하고 봉사를 자신의 행복보다 앞선
목표로 삼을 때 주어지는 것이다.

톨스토이

1. 내가 알고 있는 섬기는 사람의 아름다운 모습을 이야기해 보세요.

 **말씀과 소통하기**

•마가복음 10:35-45을 읽으세요.

35 세베대의 아들 야고보와 요한이 주께 나아와 여짜오되 선생님이여 무엇이든지 우리가 구하는 바를 우리에게 하여 주시기를 원하옵나이다

36 이르시되 너희에게 무엇을 하여 주기를 원하느냐

37 여짜오되 주의 영광중에서 우리를 하나는 주의 우편에, 하나는 좌편에 앉게 하여 주옵소서

38 예수께서 이르시되 너희는 너희가 구하는 것을 알지 못하는도다 내가 마시는 잔을 너희가 마실 수 있으며 내가 받는 세례를 너희가 받을 수 있느냐

39 그들이 말하되 할 수 있나이다 예수께서 이르시되 너희는 내가 마시는 잔을 마시며 내가 받는 세례를 받으려니와

40 내 좌우편에 앉는 것은 내가 줄 것이 아니라 누구를 위하여 준비되었든지 그들이 얻을 것이니라

41 열 제자가 듣고 야고보와 요한에 대하여 화를 내거늘

42 예수께서 불러다가 이르시되 이방인의 집권자들이 그들을 임의로 주관하고 그 고관들이 그들에게 권세를 부리는 줄을 너희가 알거니와

43 너희 중에는 그렇지 않을지니 너희 중에 누구든지 크고자 하는 자는 너희를 섬기는 자가 되고

44 너희 중에 누구든지 으뜸이 되고자 하는 자는 모든 사람의 종이 되어야 하리라

45 인자가 온 것은 섬김을 받으려 함이 아니라 도리어 섬기려 하고 자기 목숨을 많은 사람의 대속물로 주려 함이니라

1. 세베대의 아들 야고보와 요한은 주님께 무엇을 구했습니까?(35-37)

2. 예수님과 두 제자는 어떤 대화를 나누었습니까?(38-40)

3. 예수님이 제자들을 불러서 말씀하신 것은 무엇입니까?(41-44)

4. 예수님은 마지막에 어떤 삶의 모습을 남기셨습니까?(45)

•POINT•

성숙한 사람은 자기를 위한 삶이 아닌 타인을 섬기는 삶을 살아갑니다. 신앙이 자라
가면서 우리는 자기 중심에서 타인 중심으로 살아야 합니다. 섬김은 인간의 최고 가
치를 드러내는 일입니다. 우리에게 구원을 베푼 것은 세상을 섬기기 위해서입니다.
인생의 기쁨은 무언가 많이 가질 때가 아닌 다른 사람에게 나누어 주고 섬길 때 있
습니다.

말씀과 공감하기

1. 재능과 인격의 열매는 섬김으로 나타나야 합니다. 성경의 인물은 모두 섬
   김으로 마무리했습니다. 왜 그런지 그 이유를 말해 보십시오.

형제들아 너희가 자유를 위하여 부르심을 입었으나 그러나 그 자유로 육체의 기
회를 삼지 말고 오직 사랑으로 서로 종 노릇 하라 온 율법은 네 이웃 사랑하기를
네 자신 같이 하라 하신 한 말씀에서 이루어졌나니(갈 5:13-14)

사랑에는 거짓이 없나니 악을 미워하고 선에 속하라 형제를 사랑하여 서로 우
애하고 존경하기를 서로 먼저 하며 부지런하여 게으르지 말고 열심을 품고 주를
섬기라 소망 중에 즐거워하며 환난 중에 참으며 기도에 항상 힘쓰며 성도들의 쓸
것을 공급하며 손 대접하기를 힘쓰라(롬 12:9-13)

서로 대접하기를 원망 없이 하고 각각 은사를 받은 대로 하나님의 여러 가지 은
혜를 맡은 선한 청지기 같이 서로 봉사하라 만일 누가 말하려면 하나님의 말씀
을 하는 것 같이 하고 누가 봉사하려면 하나님이 공급하시는 힘으로 하는 것 같
이 하라 이는 범사에 예수 그리스도로 말미암아 하나님이 영광을 받으시게 하려
함이니 그에게 영광과 권능이 세세에 무궁하도록 있느니라 아멘(벧전 4:9-11)

삶에 실행하기

1. 내가 현재까지 오게 된 것은 많은 사람들의 섬김이 있었기 때문입니다. 보이지 않게 수고한 사람들의 섬김에 감사해야 하는데, 어떤 것들인지 생각 나는 대로 말해 보십시오.

실천을 위한 Tip

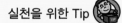

- 나는 앞으로 어떤 사람들을 섬기고 싶습니까?
  (   )
- 무엇으로 섬기고 싶은지 말해 보십시오. 내가 현재 가지고 있는 것은 무엇입니까?
  (   )
- 내가 섬김의 사람이 되기 위해서 평생 준비하고 훈련해야 할 사항을 말해 보십시오.
  (   )

09

하나님의 **나라**를 구하라

 마음열기

1. 위 그림을 보면서 내 마음속에 천국을 만드는 방법을 찾아 보십시오.

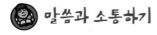
말씀과 소통하기

•요한복음 18:28-38을 읽으세요.

28 그들이 예수를 가야바에게서 관정으로 끌고 가니 새벽이라 그들은 더럽힘을 받지 아니하고 유월절 잔치를 먹고자 하여 관정에 들어가지 아니하더라

29 그러므로 빌라도가 밖으로 나가서 그들에게 말하되 너희가 무슨 일로 이 사람을 고발하느냐

30 대답하여 이르되 이 사람이 행악자가 아니었더라면 우리가 당신에게 넘기지 아니하였겠나이다

31 빌라도가 이르되 너희가 그를 데려다가 너희 법대로 재판하라 유대인들이 이르되 우리에게는 사람을 죽이는 권한이 없나이다 하니

32 이는 예수께서 자기가 어떠한 죽음으로 죽을 것을 가리켜 하신 말씀을 응하게 하려 함이러라

33 이에 빌라도가 다시 관정에 들어가 예수를 불러 이르되 네가 유대인의 왕이냐

34 예수께서 대답하시되 이는 네가 스스로 하는 말이냐 다른 사람들이 나에 대하여 네게 한 말이냐

35 빌라도가 대답하되 내가 유대인이냐 네 나라 사람과 대제사장들이 너를 내게 넘겼으니 네가 무엇을 하였느냐

36 예수께서 대답하시되 내 나라는 이 세상에 속한 것이 아니니라 만일 내 나라가 이 세상에 속한 것이었더라면 내 종들이 싸워 나로 유대인들에게 넘겨지지 않게 하였으리라 이제 내 나라는 여기에 속한 것이 아니니라

37 빌라도가 이르되 그러면 네가 왕이 아니냐 예수께서 대답하시되 네 말과 같이 내가 왕이니라 내가 이를 위하여 태어났으며 이를 위하여 세상에 왔나니 곧 진리에 대하여 증언하려 함이로라 무릇 진리에 속한 자는 내 음성을 듣느니라 하신대

> 38 빌라도가 이르되 진리가 무엇이냐 하더라 이 말을 하고 다시 유대인 들에게 나가서 이르되 나는 그에게서 아무 죄도 찾지 못하였노라

1. 유대인들이 예수님을 빌라도에게 데리고 간 이유는 무엇입니까?(28-32)

2. 빌라도는 어떤 말로 예수님을 심문했습니까?(33-35)

3. 예수님이 말씀하신 하나님의 나라에 대한 내용을 정리해 보십시오.(36-37)

4. 빌라도는 하나님의 나라에 대한 말씀에 어떻게 반응했습니까?(38)

•POINT•

천국은 마음속에 있습니다. 아무리 외적으로 화려해도 마음이 불안하면 지옥입니다. 하나님과 이웃을 사랑하는 마음을 가지고 세상을 보면 이 세상은 천국이 됩니다. 세상을 지배하는 세상 나라에는 인간의 욕심과 악이 가득합니다. 그러나 하나님이 통치하는 곳은 사랑과 희생과 평화가 있습니다. 예수님 안에는 평화가 있지만 빌라도 속에는 불안이 있습니다. 이것이 천국과 지옥의 차이입니다.

말씀과 공감하기

1. 예수님이 꿈꾸는 나라와 빌라도와 유대인들이 꿈꾸는 나라는 서로 달랐
   습니다. 어떤 점이 달랐는지 그 내용을 말해 보십시오.

하나님의 나라는 먹는 것과 마시는 것이 아니요 오직 성령 안에 있는 의와 평강
과 희락이라(롬 14:17)

이르시되 때가 찼고 하나님의 나라가 가까이 왔으니 회개하고 복음을 믿으라 하
시더라(막 1:15)

그런즉 너희는 먼저 그의 나라와 그의 의를 구하라 그리하면 이 모든 것을 너희
에게 더하시리라(마 6:33)

그들이 이제는 더 나은 본향을 사모하니 곧 하늘에 있는 것이라 이러므로 하나
님이 그들의 하나님이라 일컬음 받으심을 부끄러워하지 아니하시고 그들을 위하
여 한 성을 예비하셨느니라(히 11:16)

삶에 실행하기

1. 나는 지금 무엇을 위해 살아갑니까? 앞으로 이루고 싶은 꿈은 무엇입니까? 나의 나라입니까, 하나님의 나라입니까?

실천을 위한 Tip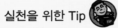

하나님의 나라를 준비하라

• 하나님의 나라는 금방 이루어지는 것이 아니라 오랜 시간을 통하여 준비됨으로 이루어집니다. 먼저 내가 하나님의 나라로 충만해야 합니다. 이 세상에서 하나님의 나라를 이루기 위해 내가 준비해야 할 것은 무엇입니까?

-믿음:
-실력:
-인격:
-준비:
-사람:
-물질:

10

평생 동안 배우라

마음열기

1. 위대한 사람의 특징은 무엇이라고 생각합니까?

2. 왜 사람에게 배움이 중요한지 이야기해 보세요.

말씀과 소통하기

• 신명기 6:1-9을 읽으세요.

1 이는 곧 너희의 하나님 여호와께서 너희에게 가르치라고 명하신 명령과 규례와 법도라 너희가 건너가서 차지할 땅에서 행할 것이니

2 곧 너와 네 아들과 네 손자들이 평생에 네 하나님 여호와를 경외하며 내가 너희에게 명한 그 모든 규례와 명령을 지키게 하기 위한 것이며 또 네 날을 장구하게 하기 위한 것이라

3 이스라엘아 듣고 삼가 그것을 행하라 그리하면 네가 복을 받고 네 조상들의 하나님 여호와께서 네게 허락하심 같이 젖과 꿀이 흐르는 땅에서 네가 크게 번성하리라

4 이스라엘아 들으라 우리 하나님 여호와는 오직 유일한 여호와이시니

5 너는 마음을 다하고 뜻을 다하고 힘을 다하여 네 하나님 여호와를 사랑하라

6 오늘 내가 네게 명하는 이 말씀을 너는 마음에 새기고

7 네 자녀에게 부지런히 가르치며 집에 앉았을 때에든지 길을 갈 때에든지 누워 있을 때에든지 일어날 때에든지 이 말씀을 강론할 것이며

8 너는 또 그것을 네 손목에 매어 기호를 삼으며 네 미간에 붙여 표로 삼고

9 또 네 집 문설주와 바깥 문에 기록할지니라

---

1. 이스라엘 백성이 가나안 땅에 들어가서 평생 동안 해야 할 일은 무엇입니까? 이렇게 해야 하는 이유는 무엇입니까?(1-3)

2. 나를 비롯해 삼대에 걸쳐 배우고 지켜야 할 내용은 무엇입니까?(4-5)

3. 일차적으로 누가 먼저 배워야 합니까? 또 어떻게 배워야 합니까?(6)

4. 나와 자녀들에게 말씀을 가르치는 구체적인 방법은 무엇입니까?(7-9)

•POINT•

인생 최고의 공부는 하나님의 말씀을 공부하는 일입니다. 이 공부는 졸업 없이 평생
동안 해야 합니다. 또한 대상과 상관없이 할아버지, 아버지, 자녀 세대가 모두 공부
해야 합니다. 하나님 말씀을 공부하는 일은 자손 대대로 전수해야 합니다. 하나님을
경외하고 사랑하는 것에 모든 공부가 다 들어있습니다. 이것이 빠지면 아무리 탁월
한 공부라 할지라도 헛된 것이 됩니다.

말씀과 공감하기

1. 이스라엘은 쉐마라고 불리는 하나님을 경외하는 교육을 자손 대대로 이어가지 못함으로 패망했습니다. 하나님의 말씀을 평생 공부해야 하는 이유는 무엇입니까? 학교와 세상 공부의 차이점은 무엇입니까?

오늘 내가 너희에게 선포하는 이 율법과 같이 그 규례와 법도가 공의로운 큰 나라가 어디 있느냐 오직 너는 스스로 삼가며 네 마음을 힘써 지키라 그리하여 네가 눈으로 본 그 일을 잊어버리지 말라 네가 생존하는 날 동안에 그 일들이 네 마음에서 떠나지 않도록 조심하라 너는 그 일들을 네 아들들과 네 손자들에게 알게 하라(신 4:8-9)

여호와께서 우리에게 이 모든 규례를 지키라 명령하셨으니 이는 우리가 우리 하나님 여호와를 경외하여 항상 복을 누리게 하기 위하심이며 또 여호와께서 우리를 오늘과 같이 살게 하려 하심이라 우리가 그 명령하신 대로 이 모든 명령을 우리 하나님 여호와 앞에서 삼가 지키면 그것이 곧 우리의 의로움이니라 할지니라(신 6:24-25)

평생에 자기 옆에 두고 읽어 그의 하나님 여호와 경외하기를 배우며 이 율법의 모든 말과 이 규례를 지켜 행할 것이라(신 17:19)

삶에 실행하기

1. 인생은 평생 배워야 합니다. 그래야 교만하지 않게 됩니다. 내가 지금 계속 배우고 있는 것이 무엇입니까? 만약 내가 배움을 중단하고 있다면 그 원인은 무엇이라고 봅니까?

실천을 위한 Tip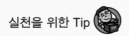

나의 결심문

• 나는 하나님의 말씀을 평생 배우고 싶습니까?(   )
• 그 이유는 무엇입니까?(   )
• 언제 배우는 시간을 갖고 싶습니까?(   )
• 어떻게 배우고 싶습니까?(   )
• 하나님이 만드신 모든 것은 우리에게 배움의 대상입니다. 그중에서 배우고 싶은 분야는 무엇입니까?(   )